NOUVELLE RÈGLE

DU JEU DE DAMES

SUIVIE D'UN

TRAITÉ DE 140 LEÇONS

DE PREMIÈRE FORCE

COUPS ET FINS DE PARTIES DIFFICILES

AVEC LA MANIÈRE DE LES JOUER

PAR AMAND-HIPPOLYTE LEBOUCHER

CHEF DE CUISINE.

DIEPPE

E. DELEVOYE, IMPRIMEUR, RUE DES TRIBUNAUX, 7.

1862.

AVANT-PROPOS.

On trouvera peut-être prétentieux à moi, joueur ıodeste, n'ayant pas le privilége d'un nom illustre, 'entreprendre une nouvelle règle du jeu de Dames, ıche assurément bien difficile; mais, pénétré de la écessité de mettre fin aux discussions trop souvent épétées entre les joueurs, et animé du désir de bien ıire, je n'ai tenu compte que de son utilité et je l'ai bordée sans me préoccuper des sacrifices qu'elle me oûterait.

Si mes efforts aboutissent à rendre quelques services ıx nombreux amateurs de ce jeu, je serai satisfait, ır je n'ai d'autre but que celui d'attirer l'attention sur n jeu qui, je crois, mérite bien que l'on s'en occupe.

Si j'ai entrepris ces quelques réformes sur les anciennes règles connues jusqu'à ce jour, ce n'est que comme amateur, et non en me posant comme académicien. Toutefois, je n'ai accepté cette nouvelle règle comme base que lorsqu'elle a été approuvée par les signatures de douze joueurs en renom, aptes à juger les obstacles que traite chaque article. J'y ai ajouté en plus, comme agrément de société, 140 coups de dames forcés, qui, à la vérité, ne se trouvent point souvent dans une partie, mais qui malgré cela ne manquent point d'intérêt pour les amateurs des parties difficiles et sérieuses.

Amand-Hippolyte LEBOUCHER,

Chef de Cuisine.

NOUVELLE RÈGLE DU JEU DE DAMES.

Article premier.

Certains joueurs prétendent que l'on pose les pions sur les cases blanches, et d'autres, sur les noires. Cela est insignifiant et ne dépend que de la construction du damier ; ceci ne peut donc donner lieu à aucune discussion. Le point essentiel est que chacun des joueurs ait la grande ligne à sa gauche et le casier contre sa poitrine.

Article deux.

Les pions étant placés sur le damier, le premier à jouer pousse un pion ; ensuite l'adversaire. On ne fait qu'un pas à la fois et toujours en avant.

Article trois.

Un pion est en prise toutes les fois qu'il se trouve contigu à celui de l'adversaire et qu'il y a un vide ; alors il saute par-dessus et l'enlève en continuant sur autant de pions qu'il s'en trouve en prise. Dans ce seul cas, on peut aller dans tous les sens et revenir sur soi-même s'il y en a à prendre.

Article quatre.

Lorsque l'un de vos pions arrive à dame, vous devez vous faire damer avant qu'aucune pièce ne soit jouée. Dans le cas où l'adversaire le négligerait, s'il vous donnait à prendre, par votre dame, et que vous ne le preniez pas, comme punition il ne pourrait que vous avertir et n'aurait pas le droit de vous souffler, parce que la dame est une pièce importante et qu'il faut qu'elle soit recouverte d'un pion, afin d'être plus exhaussée et bien visible. Le pion doit être damé aussitôt ; de là cet axiome :

Réticent, mauvais joueur.

Article cinq.

La dame est une pièce que l'on doit tâcher de prendre en ouvrant son jeu de manière à ne donner qu'un pion s'il est possible; cependant, à la rigueur, il est presque toujours avantageux de la prendre même en en donnant deux, attendu que la dame n'a pas la même marche que le pion, qui ne prend que d'une case à l'autre : elle prend, sur toutes les lignes diagonales du damier, les pièces qui s'y trouvent en prise.

Article six.

A l'exception des personnes qui commencent à jouer, vu l'ignorance qu'elles ont de l'importance d'une pièce, on est forcé de jouer la pièce que l'on a touchée et sans aucune réticence. On ne serait cependant pas obligé de jouer un pion ou une dame que l'on aurait touchée, si cette pièce était dans l'impossibilité d'être déplacée. Tout joueur, dans ce cas, ayant l'intention d'arranger son jeu, doit prévenir son adversaire, afin qu'il se rende bien compte si cet arrangement de pièces n'est point une fausse manœuvre, et dire avant d'y toucher : « J'adouble. »

Article sept.

Chaque joueur doit avoir grand soin que ses pièces soient bien sur le centre des cases, afin de ne point induire l'un ou l'autre en erreur dans la combinaison du jeu. L'adversaire a le droit de forcer celui qui commet cette faute d'arranger son jeu; en cas de refus, il peut l'arranger lui-même.

Article huit.

On est forcé, toutes les fois qu'il y a plusieurs pièces à prendre, de l'indiquer du doigt sans lever la pièce qui doit prendre, et, lorsque l'adversaire l'a bien compris, soit en adhérant par parole ou par un signe, l'autre prend avec sa pièce; et, s'il oubliait, dans la précipitation, de ramasser une pièce, ce qui arrive quelquefois, l'adversaire a le droit d'exiger qu'elle reste sur le jeu à son avantage.

Article neuf.

Lorsqu'un joueur qui doit prendre ne l'a point fait, l'adversaire lui souffle la pièce qui devait prendre; de là cet axiome : *Souffler n'est pas jouer*. Dans le cas où il trouve plus avantageux de se faire prendre, il doit le faire remarquer à l'adversaire et le forcer de droit à s'emparer des pièces en prise. Toutefois, vous ne pouvez souffler que lorsque vous avez touché la pièce que vous devez jouer. Ainsi vous dites : « Je vais jouer cette pièce sur telle case et je vous souffle. »

Article dix.

Celui qui doit prendre de différentes manières est soufflable, s'il ne prend du côté où se trouve un plus grand nombre de pièces en prise. Voici un cas où il y a souvent discussion, et je conclus ainsi : on ne peut point souffler quelqu'un qui, ayant à prendre un pion et une dame, prendrait le pion seulement, vu que, dans le nombre des pièces en prise, malgré la valeur de la dame, elle n'est considérée que comme une seule pièce; c'est donc à la volonté du preneur.

Article onze.

Les anciennes règles disent que la partie est nulle lorsque deux joueurs restent, l'un avec une dame et un pion, et l'autre avec une dame seulement; moi, je pense que, lorsqu'un joueur reste avec une dame et tient la grande ligne et que l'adversaire n'en a que trois, la partie est considérée nulle et ne doit point être continuée. Dans le cas où celui qui en a trois tiendrait à la jouer, l'adversaire ne pourra s'y refuser, mais à la condition qu'il ne jouera pas plus de vingt coups, et, s'il n'arrive pas au bout de ces vingt coups à gagner la partie, il aura perdu. Vouloir la continuer constituerait un mauvais joueur.

Article douze.

A la fin d'une partie, il y a beaucoup de joueurs qui, à la veille d'être pris, tiennent leur dame un instant au-dessus du jeu, afin de tromper l'adversaire, et changent de ligne; ceci est de très-mauvais goût. Pour éviter ce manége frauduleux, lorsque vous vous en apercevez, vous êtes autorisé à le contraindre, avant de lever sa dame, d'indiquer du doigt où il va la placer. Celui qui quitte la partie la perd, ceci s'applique au jeu de dames comme à tous les autres jeux, à moins d'un cas exceptionnel laissé toutefois à l'appréciation de l'adversaire ou de la société présente.

Nous approuvons par notre signature ci-dessous la nouvelle règle du jeu de Dames de AMAND-HIPPOLYTE LEBOUCHER, chef de cuisine :

PIOLAINE AÎNÉ, *Rentier.*	HOLLINGUE, *Directeur des Jeux.*	BRIXARD, *Rentier.*
TERSENIER, *Ivoirier.*	LAVERGNE, *Coiffeur.*	HÉDOU, *Bottier.*
MASURIER, *Avoué.*	BEUCHER, *Voyageur.*	HÉBERT, *Sergent au 26me.*
DONA, *Voyageur.*	PAISANT, *Chef Écoreur.*	DELAUNAY. *Rentier.*

DAMIER IMPRIMÉ.

Ordre Numérique des Cases.

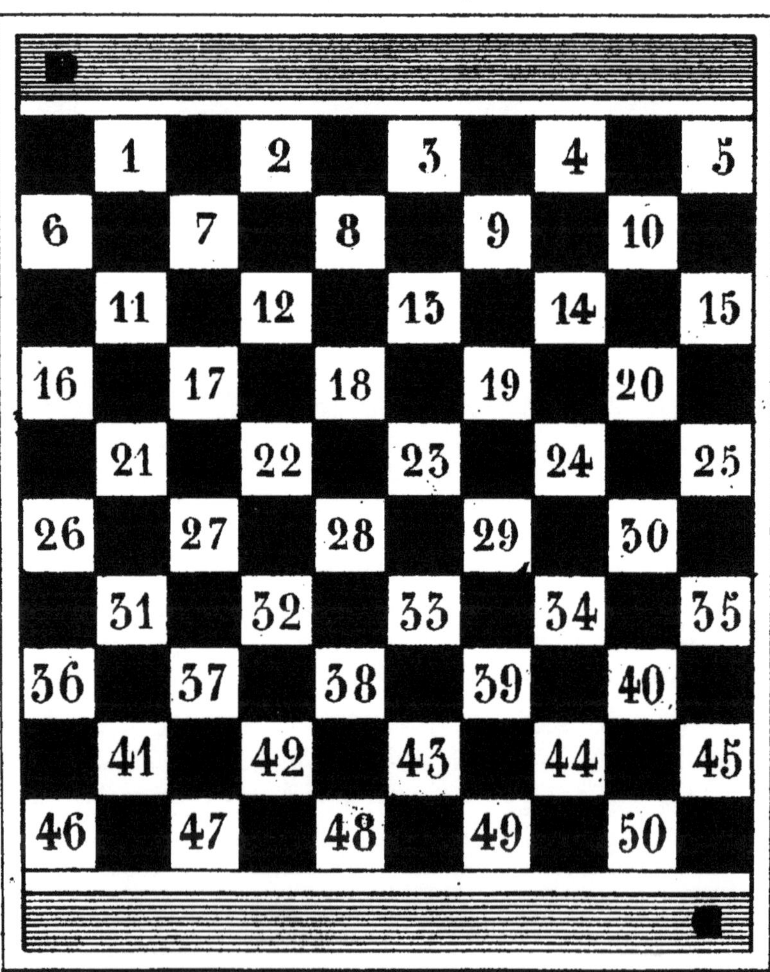

La Manière de jouer chaque Coup porte le même Numéro que le Coup posé.

PRÉFACE DU TRAITÉ.

Dans mon premier opuscule sur le jeu de Dames, ayant upposé que tous les joueurs devaient connaître l'ordre umérique des cases, je m'étais abstenu de le démontrer, insi que l'analyse de chaque coup. Pour cette dernière, e crois devoir vous dire que je ne l'ai pas fait par ubli, j'avais un motif bien plausible, c'était la crainte le rencontrer quelque joueur sans patience, qui au lieu le chercher à s'instruire et à se rendre bien compte de le la difficulté de les jouer, se reporte directement à 'analyse. Si je la donne aujourd'hui, soyez certains ue c'est encore contre mon gré. Mais l'appréhension que 'on ne jette dans un coin un ouvrage aussi sérieux, ui m'a demandé tant d'années de zèle et de patience our y arriver, pour ceux-là je leur voue une antipathie éternelle, car on ne peut se rendre compte de la valeur d'une chose que quand on l'a bien étudiée et surtout bien comprise; il n'y a qu'à cette condition que l'on peut devenir un joueur émérite. Dans le doute de n'être pas compris par tout le monde vu que les forts joueurs sont en petit nombre, je préfère vous donner un damier imprimé, où toutes les cases sont numérotées par ordre. Pour les cent quarante coups à résoudre, chacun porte son numéro; du moment où votre adversaire accepte de jouer la partie des blancs vous devez changer le damier de face; cela ne peut se faire autrement, puisque vous posant le coup, les blancs jouent vers votre adversaire.

Les blancs jouent toujours les premiers et doivent gagner toutes les parties. Celui qui ne les ferait que nulles aurait perdu; à l'exception du coup n° 140 qu'il ne suffit que de trouver le moyen d'aller à dame pour avoir gagné.

Je ne finirai pas mon ouvrage sans répondre à une objection qui m'a été faite par quelques amateurs : que la science des coups est inutile. C'est une erreur contre laquelle je me récrie, et je me hâte d'avertir les joueurs de moyenne force. En effet, on ne joue que selon l'attaque de son adversaire; le talent d'un joueur est également de forcer son adversaire à prendre une mauvaise position où à perdre des pions, et ensuite la partie. En voici un exemple : un joueur assez habile pour prendre une position telle que vous ne puissiez l'empêcher d'aller à dame, sans faire un sacrifice; ou que par la position de ses pions vous ne pouviez plus jouer sans en donner à prendre; cette position est un véritable coup, et je l'approuve. En présence de ce que je vous démontre, il n'est pas admissible que la science des coups ne serve à rien; il est un fait constant, que celui qui ne peut les trouver quand on les lui donne tout posés ne saura pas les faire venir dans une partie. Il est évident que lorsqu'un joueur est habitué aux grandes combinaisons il a le coup d'œil plus vif et sait mieux qu'un autre profiter des fautes inaperçues, autrement dit très-cachées. Certes je n'engagerais pas un joueur à ne s'attacher qu'à faire des coups dans une partie : il ne faut jamais préférer le brillant au solide, car celui qui fait un coup sans aucun profit, soit de pièces ou de position, loin d'être un coup c'est une bévue; aussi je recommande à tous les joueurs d'être prudents; je leur dis : n'ayez jamais trop de confiance aux piéges que vous tendez, méfiez-vous plus de ceux que l'on vous tend.

Aujourd'hui les vieilles ruses sont connues, on ne joue plus comme il y a vingt-cinq ans. Un travail consécutif m'a donné des idées nouvelles et fait trouver des combinaisons dont je l'espère vous me rendrez justice, et vous me saurez gré de vous les avoir soumises.

Lorsque vous aurez parcouru ce petit ouvrage et que vous l'aurez bien gravé dans la mémoire, vous pourrez jouer avec les plus capables de l'univers et avec avantage. Oui, chers collègues, lorsque vous l'aurez compris, vous direz tous que ce jeu est plein de charmes, il a l'agrémen de se jouer chez soi en famille, de reposer les membre usés du vieillard, de distraire l'invalide, de faire oublie les longues soirées d'hiver, d'instruire en amusant d'occuper agréablement l'esprit, d'apprendre à se méfie des piéges que l'on vous tend, apprendre à jouer san intérêt (vous savez comme moi que c'est ainsi qu'il s joue ordinairement), et enfin de ne conduire personn à sa perte, comme beaucoup d'autres jeux.

Amand-Hippolyte LEBOUCHER,

Chef de cuisine.

ORDRE NUMÉRIQUE DES COUPS POSÉS.

---

1. Pions noirs. Cases 3.5.7.8.9.10.20.
Dame N° 33.
Pions blancs. Cases 16.18.26.30.32.35.37.42.46.
Aux blancs à jouer.

2. Pions noirs. Cases 1.2.4.9.10.11.15.30.37.
Pions blancs. Cases 13.18.22.27.28.29.39.47.
49. — Aux blancs à jouer.

3. Pions noirs. Cases 1.2.5.6.7.10.16.26.36.40.
Dame N° 3.
Pions blancs. Cases 13.14.20.27.29.32.34.37.
38.39.45.47.49. — Aux blancs à jouer.

4. Pions noirs. Cases 19.26.27.31.36.
Dames. Cases 8.9.10.18.
Pions blancs. Cases 25.30.35.38.39.
Aux blancs à jouer.

5. Dame noire. Case 20
Dames blanches. Cases 4.31.37.
Aux blancs à jouer.

6. Pions noirs. Cases 6.8.9.11.13.16.17.22.36.
Pions blancs. Cases 26.28.32.33.37.39.47.48.49.
Aux blancs à jouer.

7. Pions noirs. Cases 1.3.7.9.13.15.17.18.19.23.29.
Pions blancs. Cases 25.27.30.31.32.35.37.40.41.
42.43. — Aux blancs à jouer.

N° **8**. Pions noirs. Cases 5.16.18.19.20.23.24.25.
Dame 13.
Pions blancs. Cases 17.27.28.32.33.34.37.3
43.44.49. — Aux blancs à jouer.

N° **9**. Pion noir. Case 26. — Dame. Case 10.
Pions blancs. Case 36.42.47.48.
Aux blancs à jouer.

N° **10**. Pions noirs. Cases 3.6.7.8.9.12.14.18.29.
Pions blancs. Cases 16.21.24.27.31.33.4
48.50. — Aux blancs à jouer.

N° **11**. Pions noirs. Cases 3.10.11.12.13.14.18.2
21.27. — Dame 46.
Pions blancs. Cases 29.33.34.36.37.38.39.4
42.44.50. — Aux blancs à jouer.

N° **12**. Pions noirs. Cases 2.6.8.9.10.13.14.15.1
22.27.36.
Pions blancs. Cases 11.24.25.29.30.33.34.3
39.40.41.42.47. — Aux blancs à jouer.

N° **13**. Pions noirs. 7.8.9.10.11.13.17.24.26.30.
Dame 15.
Pions blancs. Cases 19.22.23.33.35.37.38.3
41.48.49. — Aux blancs à jouer.

N° **14**. Pions noirs. Cases 1.2.6.7.11.16.
Dames 9.13.19.
Pions blancs. Cases 28.32.33.37.43.
Aux blancs à jouer.

N° **15**. Dame noire. Case 25.
Dames blanches. Cases 23.41.42.
Aux blancs à jouer.

N° **16**. Pions noirs. Cases 1.3.11.14.16.24.25.
Dame 32.
Pions blancs. Cases 12.18.27.34.35.38.39
40.48. — Aux blancs à jouer.

N° 17. Pions noirs. Cases 5.21.26.28.42.
Pions blancs. Cases 8.15.29.30.31.49.
Aux blancs à jouer.

N° 18. Pion noir. Case 28.
Pions blancs. Cases 14.26.35.
Aux blancs à jouer.

N° 19. Pions noirs. Cases 3.4.7.8.9.15.
Dames 12.22.
Pions blancs. Cases 20.29.30.
Dame 23. — Aux blancs à jouer.

N° 20. Dame noire. Case 13.
Pion blanc. Case 31. — Dames 26.29.48.
Aux blancs à jouer.

N° 21. Pions noirs. Cases 1.3.6.8.9.13.14.17.18.22.
23.25.
Pions blancs. Cases 16.24.33.34.35.38.39.42.
45.47.48.50. — Aux blancs à jouer.

N° 22. Pions noirs. Cases 1.3.4.37. — Dames 8.47.
Pions blancs. Cases 15.18.23.26.29.33.38.39.
Aux blancs à jouer.

N° 23. Pions noirs. Cases 2.14.19.20. — Dame 47.
Pions blancs. Cases 12.17.25.32.35.38.40.48.
Aux blancs à jouer.

N° 24. Pions noirs. Cases 4.5.10.15.
Dames 2.9.12.22.
Pions blancs. Cases 16.25.26.35.36.45.47.48.
49.50. — Aux blancs à jouer.

N° 25. Pion noir. Case 35. — Dame 28.
Pions blancs. Cases 25.34.40.44. — Dame 4.
Aux blancs à jouer.

N° 26. Pions noirs. Cases 8.9.10.13.20.24. — Dame 7.
Pions blancs. Cases 17.23.27.29.33.34.35.45.
Aux blancs à jouer.

N° **27**. Pions noirs. Cases 5.7.8.9.13.18.19.22.28.
Dame 6.
Pions blancs. Cases 24.29.31.33.38.39.42.43
48.49.50. — Aux blancs à jouer.

N° **28**. Pions noirs. Cases 15.23. — Dame 14.
Pions blancs. Cases 7.18.29.35.38.41.44.
Aux blancs à jouer.

N° **29**. Pion noir. Case 36. — Dame 30.
Dames blanches. Cases 9.23.47.
Aux blancs à jouer.

N° **30**. Pions noirs. Cases 26.36.
Pions blancs. Cases 11.28.47.
Aux blancs à jouer.

N° **31**. Pions noirs. Cases 4.8.10.11.12.13.18.19.21.
23.31.
Pions blancs. Cases 15.25.28.32.33.35.38.40.
41.47.49. — Aux blancs à jouer.

N° **32**. Pions noirs. Cases 1.6.12.13.14.16.20.21.22.
Pions blancs. Cases 29.30.32.38.40.41.43.46.
Aux blancs à jouer.

N° **33**. Pions noirs. Cases 2.14.15.17.19.20.21.35.40.
Dame 50.
Pions blancs. Cases 12.18.23.28.29.32.33.34.
37.45. — Aux blancs à jouer.

N° **34**. Pions noirs. Cases 1.2.6.7.11.16.27.28.29.
Dames 17.21.
Pions blancs. Cases 13.36.37.40.44.49.
Aux blancs à jouer.

N° **35**. Pions noirs. Cases 15.26.
Pions blancs. Cases 14.20.24.
Aux blancs à jouer.

N° **36**. Pions noirs. Cases 16.22.28.
Pion blanc. Case 36. — Dame 20.
Aux blancs à jouer.

N° **37**. Pions noirs. Cases 1.2.6.7.8.18.20.30.
Dame 19.
Pions blancs. Cases 16.21.26.36.38.39.41.45.
Aux blancs à jouer.

N° **38**. Pions noirs. Cases 3.5.8.9.10.19.20.25.34.
Dame 2.
Pions blancs. Cases 17.22.28.29.32.36.38.40.
42.45.50. — Aux blancs à jouer.

N° **39**. Pion noir. Case 6. — Dames 31.43.
Pion blanc. Case 17. — Dames 2.45.
Aux blancs à jouer.

N° **40**. Pions noirs. Cases 1.2.6.11.12.16.17.
Dame 20.
Pions blancs. Casses 13.23.26.27.28.33.42.
Aux blancs à jouer.

N° **41**. Pions noirs. Cases 1.9.12.13.14.15.19.33.
Pions blancs. Cases 20.24.26.30.31.32.34.
48.49. — Aux blancs à jouer.

N° **42**. Pions noirs. Cases 3.6.10.11.15.16.
Dame 38.
Pions blancs. Cases 13.21.23.26.27.28.31.36.
39.48. — Aux blancs à jouer.

N° **43**. Pions noirs. Cases 1.9.10.16.20.29.36.39.
Dame 24.
Pions blancs. Cases 12.17.27.28.35.38.47.49.
Aux blancs à jouer.

N° **44**. Pions noirs. Cases 3.4.15. — Dames 9.10.19.
Pions blancs. Cases 28.32.33.37.43.
Aux blancs à jouer.

N° **45**. Pions noirs. Cases 21.31.
Pions blancs. Cases 9.10.14.
Aux blancs à jouer.

N° **46**. Pions noirs. Cases 5.6.7.9.15.16.17.21.27.28 31.32.38. — Dame 3.
Pions blancs. Cases 14.18.19.20.23.34.35.36 39.44.48.49.50. — Aux blancs à jouer.

N° **47**. Pions noirs. Cases 1.6.8.9.10.13.16.17.18.19 21.23.25.26.
Pions blancs. Cases 27.28.29.30.32.33.34.35. 36.38.39.40.47.50. — Aux blancs à jouer.

N° **48**. Pions noirs. Cases 4.7.8.10.12.15.17.18.19. 20.25. — Dame 2.
Pions blancs. Cases 16.21.28.29.32.33.35.36. 37.39.46.48.49. — Aux blancs à jouer.

N° **49**. Pions noirs. Cases 1.2.11.28.29.36.
Dames 17.21.
Pions blancs. Cases 13.37.40 44.49.
Aux blancs à jouer.

N° **50**. Dame noire. Case 16.
Dames blanches. Cases 1.35.45.
Aux blancs à jouer.

N° **51**. Pions noirs. Cases 16.25. — Dame 36.
Pions blancs. Cases 27.33.35.38.40.43.44. 48. — Aux blancs à jouer.

N° **52**. Pions noirs. Cases 4.5.6.7.8.9.13.29.
Pions blancs. Cases 17.22.23.32.34.38.
Aux blancs à jouer.

N° **53**. Pions noirs. Cases 2.6.9.13.14.25. — Dame 12.
Pions blancs. Cases 16.22.23.32.35.37.38. 39.49. — Aux blancs à jouer.

N° **54**. Pions noirs. Cases 13.17.43.
Dames 8.9.20.31.42.49.
Pions blancs. Cases 23.34.50. — Dame 45.
Aux blancs à jouer.

N° **55**. Pions noirs. Cases 3.43. Dame 46.
Pions blancs. Cases 7.14.29.33.35.44.
Aux blancs à jouer.

N° **56**. Pions noirs. Cases 5.9.10.18.20.21.36.
Pions blancs. Cases 29.33.34.35.38.41.44.
Aux blancs à jouer.

N° **57**. Pions noirs. Cases 3.5.10.11. — Dame 12.
Pions blancs. Cases 19.28.32.33.34.
Dame 47. — Aux blancs à jouer.

N° **58**. Pions noirs. Cases 6.8.9.10.11.14.16.17.19.
20.21.24.25.26.
Pions blancs. Cases 18.22.28.32.33.35 36.37.
38.42.43.48.49. — Aux blancs à jouer.

N° **59**. Pions noirs. Cases 15.20.24.27. — Dames 7.18.
Pions blancs. Cases 33.36.39.40.45.47.
Aux blancs à jouer.

N° **60**. Pion noir. Case 33.
Pions blancs. Cases 8.35.40.
Aux blancs à jouer.

N° **61**. Pions noirs. Cases 3.6.8.9.10.12.13.14.16.
20.25. — Dame 35.
Pions blancs. Cases 21.22.27.29.31.32.34.37.
39.42.44.45.47.50. — Aux blancs à jouer.

N° **62**. Pions noirs. Cases 6.9.10.11.12.14.18.20.21.
24.26. — Dames 2.8.
Pions blancs. Cases 29.31.32.34.36.37.38.39.
41.44.47. — Aux blancs à jouer.

N° **63**. Pions noirs. Cases 2.3.7.9.10.12.20.35.36.
Pions blancs. Cases 18.23.29.32.33.34.37.
47.48. — Aux blancs à jouer.

N° **64**. Pions noirs. Cases 4.5.9.10.16.17.
Dames 8.20.30.39.
Pions blancs. Cases 26.27.32.36. — Dame 46.
Aux blancs à jouer.

N° **65**. Pions noirs. Cases 2.4.9.10.17.27.28.
Pions blancs. Cases 13.34.37.38.48.
Aux blancs à jouer.

N° **66**. Pions noirs. Cases 2.6.9.10.12.14.15.17.18
19.24.29.
Pions blancs. Cases 21.28.30.35.36.38.40.44
47.48.50. — Aux blancs à jouer.

N° **67**. Pions noirs. Cases 4.6.7.8.9.10.11.14.15.17
31.35.36.
Pions blancs. Cases 18.22.23.25.27.28.33.34
39.41.43.47.49. — Aux blancs à jouer.

N° **68**. Pions noirs. Cases 1.2.5.6.9.10.13.18.19.23
29.35.
Pions blancs. Cases 11.17.21.26.27.30.31.32
34.38.39.44. — Aux blancs à jouer.

N° **69**. Dame noire. Case 23.
Pion blanc. Case 22. — Dames 2.50.
Aux blancs à jouer.

N° **70**. Dame noire. Case 49.
Pion blanc. Case 39. — Dames 1.16.
Aux blancs à jouer.

N° **71**. Pions noirs. Cases 10.29.37. — Dame 13.
Pions blancs. Cases 28.32.35.38.39.41.44.
Aux blancs à jouer.

N° **72**. Pions noirs. Cases 1.2.4.6.9.10.15.26.36.
Dame 31.
Pions blancs. Cases 11.16.17.19.20.21.24.37.
42.43.49. — Aux blancs à jouer.

N° **73**. Pions noirs. Cases 6.9.12.13.14.15.18.20.22.
23 24.26.
Pions blancs. Cases 16.25.27.33.35.37.38.41.
42.43.44.46. — Aux blancs à jouer.

N° **74**. Pions noirs. Cases 10.17.18.20.25.30.40.
Dame 9.
Pions blancs. Cases 27.33.37.38.39.
Aux blancs à jouer.

N° **75**. Pions noirs. Cases 4.5.6.13.15.17.34.
Dame 12.
Pions blancs. Cases 23.26.27.32.37.38.41.42.
44. — Aux blancs à jouer.

N° **76**. Pions noirs. Cases 3 5.6.12.18.30. — Dame 8.
Pions blancs. Cases 11.20.21.23.26.29.39.42.
43.49. — Aux blancs à jouer.

N° **77**. Pions noirs. Cases 2.4.5.6.7.8.9.10.15.16.
20.22.25.
Pions blancs. Cases 19.21.23.24.29.30.33.34.
37.38.44.47.50. — Aux blancs à jouer.

N° **78**. Pions noirs. Cases 7.11.13.14.15.21. — Dame 1.
Pions blancs. Cases 16.23.27.28.36.43.47.50.
Aux blancs à jouer.

N° **79**. Dame noire. Case 14.
Dames blanches. Cases 26.27.43.
Aux blancs à jouer.

N° **80**. Pions noirs. Cases 21.23 — Dame 10.
Pions blancs. Cases 22.31.32.34.39.
Dame 44. — Aux blancs à jouer.

N° **81**. Pions noirs. Cases 12.13.14.17.18.20.24.35.
Pions blancs. Cases 27.28.29.34.37.39.40.44.
Aux blancs à jouer.

N° **82**. Pions noirs. Cases 16.25 — Dames 15.38.
Pions blancs. Cases 27.32.34.40.43.48.
Dame 6. — Aux blancs à jouer.

N° **83**. Pions noirs. Cases 1.3.6.7.9.13.14.16.18.19.
23.24.28.29.
Pions blancs. Cases 21.25.27.30.31.32.35.36.
37.38.40.41.42.43. — Aux blancs à jouer.

N° **84**. Dames noires. Cases 4.10.19.46.
Pions blancs. Cases 28.32.33.37.43.
Aux blancs à jouer.

N° **85**. Pions noirs. Cases 23.24.
Pions blancs. Cases 34.38.48.
Aux blancs à jouer.

N° **86**. Pions noirs. Cases 4.5.7.8.9.10.13.15.16.18
19.23.
Pions blancs. Cases 24.27.28.31.32.34.36.37
38.40.43.44. — Aux blancs à jouer.

N° **87**. Pions noirs. Cases 1.3.5.7.9.10.16.20.23.26
Dame 48.
Pions blancs. Cases 12.17.27.30.32.33.34.35
38.39.40.45. — Aux blancs à jouer.

N° **88**. Pions noirs. Cases 1.6.7.17.35.39. — Dame 47
Pions blancs. Cases 15.27.28.33.38.44.
Dame 36. — Aux blancs à jouer.

N° **89**. Pions noirs. Cases 4.9.15.27.28.
Dames 8.10.17.19.
Pions blancs. Cases 25.30.43.45. — Dame 49
Aux blancs à jouer.

N° **90**. Pions noirs. Cases 13.18.19.
Dame blanche. Case 6.
Aux blancs à jouer.

N° **91**. Pions noirs. Cases 2.6.7.8.9.13.20.25.28.
Dame 16.
Pions blancs. Cases 17.22.30.33.34.35.38.42
43.47. — Aux blancs à jouer.

N° **92**. Pions noirs. Cases 8.9.10.37.38. — Dame 16
Pions blancs. Cases 17.24.26.28.30.35.39.47
Aux blancs à jouer.

N° **93**. Pions noirs. Cases 7.8.10.12.13.14.16.17.30
Dames 4.9.15.
Pions blancs. Cases 19.23.31.32.37.38.40.42
43.44.47.50. — Dame 49. — Aux blancs à jouer.

N° **94**. Pions noirs. Cases 4.15.25.
Dames 8.9.10.17.27.
Pions blancs. Cases 29.33.34. — Dame 48.
Aux blancs à jouer.

N° **95**. Dames noires 4.24.
Pions blancs. Cases 27.32.46. — Dames 3.22.
Aux blancs à jouer.

N° **96**. Pions noirs. Cases 2.5.11.22.27.28.35.
Dame 4.
Pions blancs. Cases 14.29.33.37.38.39.44.49.50. — Aux blancs à jouer.

N° **97**. Pions noirs. Cases 5.7.8.9.12.14.16.19.24.
Dame 15.
Pions blancs. Cases 26.28.31.33.34.36.39.42.44.48.50. — Aux blancs à jouer.

N° **98**. Pions noirs. Cases 10.11.16.17.21.25.
Dame 34.
Pions blancs. Cases 24.35.36.41.43.
Dame 2. — Aux blancs à jouer.

N° **99**. Pions noirs. Cases 3.5.6.
Dames 9.10.20.31.38.
Pion blanc. Case 17. — Dames 2.40.
Aux blancs à jouer.

N° **100**. Pions noirs. Cases 12.14.15.18.22.
Dame 13.
Pions blancs. Cases 23.24.29.34.44.45.
Aux blancs à jouer.

N° **101**. Pions noirs. Cases 4.5.6.8.12.13.15.19.23.36.
Pions blancs. Cases 16.17.22.24.27.30.31.34.35.42. — Aux blancs à jouer.

N° **102**. Pions noirs. Cases 4.7.9.10.11.12.15.24.40.
Pions blancs. Cases 18.21.22.23.28.33.38.39.49. — Aux blancs à jouer.

N° **103**. Pions noirs. Cases 3.12.35. — Dame 48.
Pions blancs. Cases 14.27.37.45. — Dame 2
Aux blancs à jouer.

N° **104**. Pions noirs. Cases 5.10.15.23. — Dames 7.2
25.33.40.
Pions blancs. Cases 26.41. — Dames 31.48.
Aux blancs à jouer.

N° **105**. Pions noirs. Cases 21.31.
Pions blancs. Cases 9.10.14.
Aux blancs à jouer.

N° **106**. Pions noirs. Cases 5.7.10.13.16.18.19.20.2
Pions blancs. Cases 21.34.37.39.40.43.45.4
Aux blancs à jouer.

N° **107**. Pions noirs. Cases 7.8.9.13.14.15.17.
Dame 11.
Pions blancs. Cases 23.24.25.26.29.35.44.48
Aux blancs à jouer.

N° **108**. Pions noirs. Cases 5.6.7.8.10.15.17.18
26.28. — Dame 1.
Pions blancs. Cases 24.29.30.31.34.35.38.40
43.44.45.47. — Aux blancs à jouer.

N° **109**. Dame noire. Case 3
Dames blanches. Cases 26.36.49.
Aux blancs à jouer.

N° **110**. Pion noir. Case 16. — Dame 45.49.
Pion blanc. Case 40. — Dames 1.13.34.
Aux blancs à jouer.

N° **111**. Pions noirs. Cases 4.5.9.10.11.12.32.
Dame 7.
Pions blancs. Cases 20.22.31.33.39.40.43.
47.48. — Aux blancs à jouer.

N° **112**. Pions noirs. Cases 2.4.6.28.32.45.
Pions blancs. Cases 12.15.20.29.44.
Dame 31. — Aux blancs à jouer.

N° **113**. Pions noirs. Cases 2.4.5.8.14.24.25.34.40.
Dame 15.
Pions blancs. Cases 13.17.18.21.38.42.43.50.
Dame 47. — Aux blancs à jouer.

N° **114**. Dame noire. Case 3.
Pions blancs. Cases 45.50. — Dames 25.39.
Aux blancs à jouer.

N° **115**. Dames noires. Cases 25.26.
Dames blanches. Cases 37.46.47.48.
Aux blancs à jouer.

N° **116**. Pions noirs. Cases 2.3.5.7.8.9.11.12.17.18.36.
Pions blancs. Cases 19.20.26.27.29.32.33.34.37.42.47. — Aux blancs à jouer.

N° **117**. Pions noirs. Cases 1.5.16.23.24. — Dame 47.
Pions blancs. Cases 15.34.40.46.48.
Dame 44. — Aux blancs à jouer.

N° **118**. Pions noirs. Cases 3.4.5.6.7.9.27.36.
Dame 26.
Pions blancs. Cases 16.19.20.23.24.25.28.39.42.43.46. — Aux blancs à jouer.

N° **119**. Pions noirs. Cases 2.4.6.8.9.10.15.17.18.
Pions blancs. Cases 16.20.24.27.28.33.37.38.40. — Aux blancs à jouer.

N° **120**. Pions noirs. Cases 26.35.42. — Dame 24.
Pions blancs. Cases 16.27.36.39.41.45.
Aux blancs à jouer.

N° **121**. Pions noirs. Cases 2.3.4.8.9.11.12.14.15.17.19.21.25.
Pions blancs. Cases 20.22.28.32.34.35.37.38.41.43.47.48.49.50. — Aux blancs à jouer.

N° **122**. Pions noirs. Cases 5.9.10.12.13.15.19.2.
24.26.29.
Pions blancs. Cases 22.31.32.35.38.40.
Dame 2. — Aux blancs à jouer.

N° **123**. Pions noirs. Cases 1.5.10.12.15.25.36.
Dame 14.
Pions blancs. Cases 16.22.24.29.32.34.4
42.47. — Aux blancs à jouer.

N° **124**. Pions noirs. Cases 1.4.5.8.9.13.15.19.20
24.25.28.32.38.44. — Dame 3.
Pions blancs. Cases 16.17.26.30.31.34.35.3
40.41.43.45.47.48.49.—Aux blancs à joue

N° **125**. Pion noir. Case 26.
Pions blancs. Cases 12.13.19.
Aux blancs à jouer.

N° **126**. Pions noirs. Cases 4.6.7.8.9.10.13.16.37.
Pions blancs. Cases 20.21.25.28.34.36.39
43.48. — Aux blancs à jouer.

N° **127**. Pions noirs. Cases 7.8.12.17.18.19.22.24
29.34. — Dame 50.
Pions blancs. Cases 31.33.38.40.41.43.48.49
Dame 35. — Aux blancs à jouer.

N° **128**. Pions noirs. Cases 3.5.7.8.9.12.16.17.18
19.22.27.
Pions blancs. Cases 15.29.31.37.38.39.40.43
45.46.48. — Aux blancs à jouer.

N° **129**. Pions noirs. Cases 2.3.11.22.24.27.
Dame 30.44.
Pions blancs. Cases 13.18.25.34.36.38.42.
45.47.48. — Aux blancs à jouer.

N° **130**. Dame noire. Case 31.
Dames blanches. Cases 14.20.47.
Aux blancs à jouer.

N° **131**. Pions noirs. Cases 1.3.4.5.6.14.15.17.20.
25.26.
Pions blancs. Cases 18.23.24.29.31.33.38.39.
40.45.46. — Aux blancs à jouer.

N° **132**. Pions noirs. Cases 6.7.9.11.12.13.14.15.17.
18.20.22.24.
Pions blancs. Cases 25.26.27.29.31.34.36.39.
42.44.47. — Aux blancs à jouer.

N° **133**. Pions noirs. Cases 5.8.13.16.30.40.
Pions blancs. Cases 17.20.22.29.38.49.
Aux blancs à jouer.

N° **134**. Pions noirs. Cases 6.8.9.13.17.22.27.
Dame 50.
Pions blancs. Cases 11.16.26.30.33.36.38.
39.42. — Aux blancs à jouer.

N° **135**. Pions noirs. Cases 1.4.6.9.12.20.41.
Pions blancs. Cases 19.28.35.42.49.
Dame 39. — Aux blancs à jouer.

N° **136**. Pions noirs. Cases 2.11.18.24 36. — Dame 45.
Pions blancs. Cases 26.28.32.34.38.39.43.44.
46.48.49. — Aux blancs à jouer.

N° **137**. Pions noirs. Cases 1.3.8.10.12.13.14.15.16.
18.19.23.24.
Pions blancs. Cases 22.25.27.32.33.34.38.
39.42.43.44.48.49. — Aux blancs à jouer.

N° **138**. Pions noirs. Cases 2.3.8.10.30. — Dame 44.
Pions blancs. Cases 21.28.29.31.33.41.47.
Aux blancs à jouer.

N° **139**. Pions noirs. Cases 5.12.15.18.26.—Dames 2.4.
Pions blancs. Cases 14.23.27.32.42.48.
Dames 43.49. — Aux blancs à jouer.

N° **140**. Pions noirs. Cases 6.7.8.9.10. — Dames 1.2.
3.4.5.
Pions blancs. Cases 16.17.18.19.20.
Aux blancs à jouer.

Il ne suffit que de trouver le moyen d'aller à Dame pour avoir gagné la partie.

Amand-Hippolyte LEBOUCHER,

Chef de cuisine.

Explication des Lettres ci-après.

PN.— Pion noir.
PB.— Pion blanc.
DN.— Dame noire.
DB.— Dame blanche.

Figuré du Coup.— N°1.

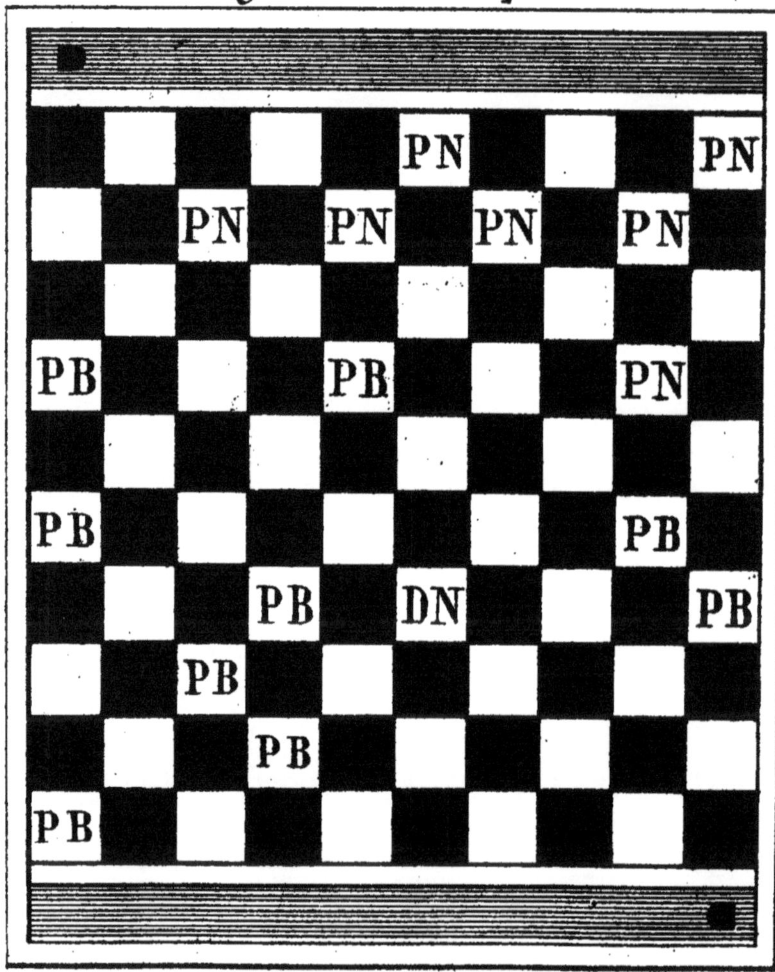

Côté de celui qui joue le Premier.

MANIÈRE DE JOUER LES 140 COUPS.

C'est toujours aux blancs à jouer les premiers.

N° 1.

	Pions blancs.	Pions noirs.
ouez....	32 à 27	Dame 33 à 47
	16 à 11	7 à 16
	27 à 21	16 à 27
	46 à 41	Dame 47 à 36
	26 à 21	27 à 16
	30 à 24	Dame 36 à 30

35 à 2 à Dame. — Le reste se voit.

N° 2.

	Pions blancs.	Pions noirs.
ouez....	39 à 34	30 à 39
	49 à 44	39 à 50 à Dame
	28 à 23	Dame 50 à 17
	47 à 41	37 à 46 à Dame
	27 à 21	Dame 46 à 8

21 à 5 à Dame. — Le reste se voit.

N° 3.

	Pions blancs.	Pions noirs.
uez....	27 à 21	10 à 8
	37 à 31	26 à 28
	29 à 23	40 à 18
	38 à 32	Dame 3 à 27

21 à 3. — Le reste se voit.

N° 4.

	Pions blancs.	Pions noirs.
Jouez....	38 à 32	27 à 38
	39 à 33	38 à 29
	30 à 24	29 à 20 ou 19 à 30
	25 à 5 à Dame. — Le reste se voit.	

N° 5.

PREMIÈRE MANIÈRE.

	Pions blancs.	Pions noirs.
Jouez....	4 à 15	20 à 25
	15 à 38	25 à 3
	38 à 21	3 à 16

DEUXIÈME MANIÈRE.

	Pions blancs.	Pions noirs.
Jouez....	4 à 15	20 à 3
	15 à 38	3 à 25
	38 à 43	25 à 48

Le reste se voit.

N° 6.

	Pions blancs.	Pions noirs.
Jouez....	26 à 21	16 à 29
	39 à 33	29 à 38
	37 à 31	36 à 27
	48 à 43	22 à 33
	43 à 14. — Le reste se voit.	

N° 7.

	Pions blancs.	Pions noirs.
Jouez....	25 à 20	15 à 24
	27 à 21	17 à 26
	32 à 28	23 à 32
	37 à 28	26 à 39
	28 à 23	19 à 28
	30 à 8	3 à 12
	40 à 34	29 à 40 ou 39 à 30

Le reste se voit.

N° 8.

	Pions blancs.	Pions noirs.
Jouez....	47 à 12	18 à 7
	33 à 29	24 à 33
	34 à 30	25 à 34
	44 à 39	33 à 44
	49 à 9. — Le reste se voit.	

N° 9.

PREMIÈRE MANIÈRE.

	Pions blancs.	Pions noirs.
Jouez....	42 à 37	Dame 10 à 46
	36 à 31	26 à 37
	47 à 41	37 à 42
	48 à 37 enferme la Dame.	

DEUXIÈME MANIÈRE.

	Pions blancs.	Pions noirs.
Jouez....	42 à 37	Dame 10 à 41
	36 à 31	26 à 37
	47 à 36. — Le reste se voit.	

N° 10.

	Pions blancs.	Pions noirs.
Jouez....	16 à 11	6 à 37
	48 à 42	37 à 28
	24 à 11. — Le reste se voit.	

N° 11.

	Pions blancs.	Pions noirs.
Jouez....	36 à 31	27 à 47 à Dame
	29 à 23	Dame 46 à 29
	33 à 4 à Dame.	Dame 47 à 44
	50 à 39	18 à 24
	Dame 4 à 9. — Le reste se voit.	

N° 12.

	Pions blancs.	Pions noirs.
Jouez....	42 à 37	6 à 17
	29 à 23	19 à 28
	25 à 20	14 à 25
	38 à 32	27 à 20
	37 à 31	36 à 27
	30 à 24	20 à 29
	34 à 5. — Le reste se voit.	

N° 13.

	Pions blancs.	Pions noirs.
Jouez....	22 à 18	13 à 22
	39 à 34	30 à 28
	23 à 32	24 à 13
	37 à 31	Dame 15 à 27
	32 à 5. — Le reste se voit.	

N° 14.

	Pions blancs.	Pions noirs.
Jouez....	28 à 22	Dame 13 à 28
	32 à 3 à Dame. — Le reste se voit.	

N° 15.

PREMIÈRE MANIÈRE.

	Dames blanches.	Dames noires.
Jouez....	23 à 19	25 à 9
	41 à 36	9 à 3
	42 à 26	3 à 25
	36 à 9	25 à 3
	19 à 8 gagne.	

DEUXIÈME MANIÈRE.

	Dames blanches.	Dames noires.
Jouez....	23 à 19	25 à 9
	41 à 36	9 à 25
	42 à 48	25 à 20
	36 à 47	20 à 3
	47 à 20	Dame 3 à 25
	19 à 30 gagne.	

Nº 15.

TROISIÈME MANIÈRE.

	Dames blanches.	Dames noires.
ouez....	23 à 19	25 à 3
	42 à 26	3 à 25
	26 à 3	25 à 48
	19 à 30	48 à 25
	41 à 14 gagne.	

Nº 16.

	Pions blancs.	Pions noirs.
ouez....	12 à 8	3 à 23
	35 à 30	24 à 42
	48 à 10. — Le reste se voit.	

Nº 17.

	Pions blancs.	Pions noirs.
ouez....	49 à 43	26 à 37
	15 à 10	5 à 14
	29 à 23	28 à 19
	43 à 38	42 à 33
	30 à 24	19 à 30
	8 à 3 à Dame. — Le reste se voit.	

Nº 18.

PREMIÈRE MANIÈRE.

	Pions blancs.	Pions noirs.
ouez....	14 à 10	28 à 32
	10 à 4 à Dame.	32 à 37
	Dame 4 à 10	37 à 42 à Dame
	Dame 10 à 37. — Le reste se voit.	

DEUXIÈME MANIÈRE.

	Pions blancs.	Pions noirs.
ouez....	14 à 10	28 à 32
	10 à 4 à Dame.	32 à 38
	Dame 4 à 10	38 à 43
	Dame 10 à 28. — Le pion noir ne peut damer sans être pris.	

N° 18.

TROISIÈME MANIÈRE.

	Pions blancs.	Pions noirs.
Jouez....	14 à 10	28 à 33
	10 à 4 à Dame.	33 à 39
	Dame 4 à 22	39 à 43

Dame 22 à 28. — Le pion noir ne peut damer sans être pris.

N° 19.

	Dames blanches.	Dames noires.
Jouez...	Dame 23 à 5	Dame 12 à 14

Le reste se voit.

N° 20.

	Pions blancs.	Dames noires.
Jouez....	29 à 38	Dame 13 à 36
	Dame 26 à 37	si la Dame noire suit la ligne de 36 à 4. Les blancs gagnent sur le coup si la Dame noire va de 36 à 47.
	Dame 38 à 15	Dame 47 à 36
	Dame 37 à 41	Dame 48 à 42

Le reste se voit.

N° 21.

	Pions blancs.	Pions noirs.
Jouez....	24 à 19	13 à 24
	35 à 30	24 à 35
	45 à 40	35 à 44
	33 à 28	23 à 43
	16 à 11	44 à 33
	48 à 28	22 à 33

11 à 2. — Le reste se voit.

N° 22.

	Pions blancs.	Pions noirs.
Jouez....	26 à 21	Dame 8 à 26
	18 à 12	Dame 26 à 8
	38 à 32	37 à 19
	29 à 24	Dame 47 à 20

Le reste se voit.

N° 23.

Pions blancs.	Pions noirs.
Jouez.... 17 à 11	Dame 47 à 16
40 à 34	Dame 16 à 30
35 à 13	20 à 24
48 à 43	24 à 29
43 à 39	2 à 7
13 à 8. — Le reste se voit.	

N° 24.

Pions blancs.	Pions noirs.
Jouez.... 36 à 31	Dame 22 à 36
26 à 21	Dame 12 à 26
16 à 11	Dame 2 à 16
49 à 43	Dame 16 à 49
48 à 42	Dame 26 à 48
47 à 41	Dame 36 à 47
50 à 44	Dame 49 à 40
45 à 34	Dame 48 à 30
35 à 24	Dame 47 à 20
25 à 3 à Dame. — Le reste se voit.	

N° 25.

Pions blancs.	Pions noirs.
Jouez Dame 4 à 27	Dame 28 à 50
Dame 27 à 38	35 à 44
Dame 38 à 49	Dame 50 à 45
Dame 49 à 40	Dame 45 à 50
Dame 40 à 44. — Le reste se voit.	

N° 26.

Pions blancs.	Pions noirs.
Jouez.... 35 à 30	24 à 35
29 à 24	Dame 7 à 12
24 à 4 à Dame.	Dame 12 à 40
45 à 34. — Le reste se voit.	

N° 27.

Pions blancs.	Pions noirs.
Jouez.... 29 à 23	18 à 20
39 à 34	28 à 30
31 à 27	22 à 31
50 à 44	Dame 6 à 50
42 à 37	31 à 33
49 à 44	Dame 50 à 39

43 à 1 à Dame. — Le reste se voit.

N° 28.

Pions blancs.	Pions noirs.
Jouez.... 35 à 40	23 à 1
29 à 23	Dame 14 à 40

35 à 44. — Le reste se voit.

N° 29.

Pions blancs.	Pions noirs.
Jouez Dame 9 à 31	36 à 27
Dame 23 à 32	27 à 38

Dame 47 à 35 et gagne.

N° 30.

Pions blancs.	Pions noirs.
Jouez.... 11 à 7	26 à 31
7 à 1 à Dame	31 à 37
Dame 1 à 29	Si 37 à 41

Dame 29 à 23. — Le reste se voit.

Pions blancs.	Pions noirs.
	Et si 37 à 42
47 à 38	36 à 41

38 à 33. — Si le Pion noir dame au N° 46 Dame blanche ira au N° 23 et se retirera au N° 5. — Si Pion noir dame au N° 47 la Dame blanche ira au N° 15

N° 31.

Pions blancs.	Pions noirs.
Jouez.... 41 à 37	31 à 42
28 à 22	18 à 27
33 à 28	42 à 22
25 à 20	27 à 38
49 à 43	38 à 49 à Dame
35 à 30	Dame 49 à 24

20 à 9. — Le reste se voit.

Nº 32.

	Pions blancs	Pions noirs.
Jouez....	32 à 27	22 à 31
	29 à 24	20 à 29
	38 à 33	29 à 49 à Dame
	41 à 37	Dame 49 à 41

Le reste se voit.

Nº 33.

	Pions blancs.	Pions noirs.
Jouez....	12 à 7	2 à 11
	18 à 13	19 à 8
	29 à 24	20 à 27
	37 à 31	40 à 18

31 à 2 à Dame. — Le reste se voit.

Nº 34.

	Pions blancs.	Pions noirs.
Jouez....	36 à 31	27 à 36
	49 à 43	Dame 21 à 49
	37 à 31	36 à 27
	40 à 34	Dame 49 à 8

34 à 3 à Dame. — Le reste se voit.

Nº 35.

	Pions blancs.	Pions noirs.
Jouez....	14 à 9	26 à 31
	9 à 4 à Dame	31 à 36
	Dame 4 à 13	36 à 41
	Dame 13 à 19	41 à 47 à Dame
	Dame 19 à 10	15 à 4
	20 à 15	Dame 47 à 20

15 à 24. — Le reste se voit.

Nº 36.

PREMIÈRE MANIÈRE.

	Pions blancs.	Pions noirs.
Jouez....	36 à 31	16 à 21
	Dame 20 à 38	21 à 26
	Dame 38 à 24	26 à 37

Dame 24 à 13. — Le reste se voit.

N° 36.

DEUXIÈME MANIÈRE.

	Pions blancs.	Pions noirs.
Jouez....	36 à 31	28 à 32
	31 à 26	32 à 37
Dame	20 à 9	22 à 28
	26 à 21	16 à 27
Dame	9 à 38. — Le reste se voit.	

N° 37.

	Pions blancs.	Pions noirs.
Jouez....	16 à 11	7 à 27
	36 à 31	27 à 47 à Dam
	39 à 34	Dame 47 à 40
	45 à 3 à Dame. — Le reste se voit.	

N° 38.

	Pions blancs.	Pions noirs.
Jouez....	40 à 35	34 à 23
	17 à 11	Dame 2 à 16
	22 à 18	23 à 12
	28 à 23	19 à 48 à Dam
	50 à 44	Dame 16 à 40
	45 à 34	Dame 48 à 30
	35 à 2 à Dame. — Le reste se voit.	

N° 39.

	Pions blancs.	Pions noirs.
Jouez....	17 à 11	6 à 17
Dame	45 à 12	17 à 8

Le reste se voit.

N° 40.

	Pions blancs.	Pions noirs.
Jouez....	26 à 21	Dame 20 à 47
	23 à 18	12 à 32
	27 à 38	Dame 47 à 8
	21 à 3 à Dame. — Le reste se voit.	

N° 41.

	Pions blancs.	Pions noirs.
ouez....	26 à 21	14 à 25
	21 à 17	12 à 21
	32 à 28	33 à 22
	34 à 29	25 à 23
	31 à 26	19 à 30
	26 à 8. — Le reste se voit.	

N° 42.

	Pions blancs.	Pions noirs.
ouez....	13 à 9	3 à 14
	23 à 19	14 à 32
	21 à 17	32 à 12
	31 à 27	Dame 38 à 21
	26 à 8. — Le reste se voit.	

N° 43.

	Pions blancs.	Pions noirs.
ouez....	12 à 8	Dame 24 à 2
	27 à 21	16 à 27
	17 à 11	Dame 2 à 16
	28 à 22	27 à 18
	49 à 44	Dame 16 à 40
	35 à 22. — Le reste se voit.	

N° 44.

	Pions blancs.	Pions noirs.
ouez....	28 à 22	Dame 9 à 28
	32 à 5 à Dame. — Le reste se voit.	

N° 45.

PREMIÈRE MANIÈRE.

	Pions blancs.	Pions noirs.
ouez....	9 à 4 à Dame	Si 21 à 27
	10 à 5 à Dame	27 à 32
	Dame 4 à 36	32 à 38
	Dame 36 à 47	38 à 43
	Dame 47 à 33. — Le noir perd en damant.	

N° 45.

DEUXIÈME MANIÈRE.

Pions blancs.		Pions noirs.
Jouez....	9 à 4 à Dame	Si 31 à 36
Dame	4 à 31	36 à 27
	14 à 9	27 à 32
	10 à 5 à Dame	32 à 38
Dame	5 à 32	38 à 27
	9 à 3 à Dame	27 à 32
Dame	3 à 26	32 à 38
Dame	26 à 48 gagne.	

TROISIÈME MANIÈRE.

Pions blancs.		Pions noirs.
Jouez....	9 à 4 à Dame	Si 31 à 37
Dame	4 à 31	37 à 26
	10 à 4 gagne.	

N° 46.

Pions blancs.		Pions noirs.
Jouez....	18 à 13	9 à 40
	49 à 43	15 à 13
	39 à 34	Dame 3 à 39
	44 à 2 à Dame	38 à 49 à Dame
Dame	2 à 45. — Le reste se voit.	

N° 47.

Pions blancs.		Pions noirs.
Jouez....	28 à 22	17 à 37
	30 à 24	21 à 43
	39 à 48	19 à 28
	47 à 41	23 à 45
	41 à 5 à Dame. — Le reste se voit.	

N° 48.

Pions blancs.		Pions noirs.
Jouez....	32 à 27	17 à 26
	37 à 31	26 à 37
	46 à 41	37 à 46 à Dame
	39 à 34	Dame 46 à 23

SUITE DU N° 48.

	Pions blancs.	Pions noirs.
Jouez....	16 à 11	7 à 16
	27 à 22	18 à 27
	29 à 7	Dame 2 à 30

35 à 2 à Dame. — Le reste se voit.

N° 49.

	Pions blancs.	Pions noirs.
Jouez....	49 à 43	Dame 21 à 49
	37 à 31	36 à 27
	40 à 34	Dame 49 à 8

34 à 3 à Dame. — Le reste se voit.

N° 50.

PREMIÈRE MANIÈRE.

	Pions blancs.	Pions noirs.
Jouez....	35 à 49	16 à 11
	49 à 44	11 à 50

DEUXIÈME MANIÈRE.

	Pions blancs.	Pions noirs.
Jouez....	35 à 49	16 à 2
	45 à 34	2 à 35

TROISIÈME MANIÈRE.

	Pions blancs.	Pions noirs.
Jouez....	35 à 49	16 à 2
	45 à 34	2 à 19
	34 à 30	19 à 35

QUATRIÈME MANIÈRE.

	Pions blancs.	Pions noirs.
Jouez....	35 à 49	16 à 2
	45 à 34	2 à 16
	34 à 29	16 à 2
	49 à 35	2 à 16

1 à 7. — Le reste se voit.

N° 51.

	Pions blancs.	Pions noirs.
Jouez....	35 à 30	Dame 36 à 50
	38 à 33	25 à 45
	43 à 39	16 à 21
	48 à 42	21 à 27
	42 à 37. — Le reste se voit.	

N° 52.

	Pions blancs.	Pions noirs.
Jouez....	17 à 11	6 à 37
	38 à 32	3 à 19

Le reste se voit.

N° 53.

	Pions blancs.	Pions noirs.
Jouez....	22 à 18	13 à 22
	23 à 19	14 à 23
	35 à 30	25 à 43
	32 à 27	22 à 33
	49 à 7. — Le reste se voit.	

N° 54.

	Pions blancs.	Pions noirs.
Jouez....	23 à 19	13 à 24
	34 à 30	24 à 35
	50 à 44	Dame 49 à 40

Le reste se voit.

N° 55.

	Pions blancs.	Pions noirs.
Jouez....	14 à 9	3 à 14
	29 à 23	Dame 46 à 19
	44 à 39	43 à 34
	33 à 29	34 à 23
	7 à 2 à Dame.	23 à 28
	Dame 2 à 24	28 à 32
	Dame 24 à 42	14 à 19
	35 à 30	19 à 23
	30 à 24. — Le reste se voit.	

N° 56.

Pions blancs.	Pions noirs.
ouez.... 38 à 32	36 à 47 à Dame
29 à 24	Dame 47 à 27
24 à 31. — Le reste se voit.	

N° 57.

Pions blancs.	Pions noirs.
ouez.... 19 à 13	Dame 12 à 45
13 à 8	3 à 12
33 à 29	Dame 45 à 18
Dame 47 à 36. — Le reste se voit.	

N° 58.

Pions blancs.	Pions noirs.
ouez.... 33 à 29	24 à 33
28 à 39	17 à 28
32 à 23	19 à 28
37 à 32	28 à 37
42 à 31	26 à 37
48 à 42	37 à 48 à Dame
39 à 34	Dame 48 à 30
35 à 2 à Dame. — Le reste se voit.	

N° 59.

Pions blancs	Pions noirs.
ouez.... 36 à 31	27 à 36
47 à 41	36 à 47 à Dame
39 à 34. — Le reste se voit.	

N° 60.

Pions blancs.	Pions noirs.
ouez.... 8 à 3 à Dame	33 à 38
Dame 3 à 20	38 à 43
35 à 30	43 à 48 à Dame
40 à 34	Dame 48 à 26
Dame 20 à 42. — Le reste se voit.	

N° 61.

Pions blancs.		Pions noirs.
Jouez....	31 à 26	Dame 35 à 49
	22 à 18	13 à 31
	32 à 27	31 à 22
	29 à 23	16 à 27
	23 à 19	14 à 23
	50 à 44	Dame 49 à 29
	37 à 32. — Le reste se voit.	

N° 62.

Pions blancs.		Pions noirs.
Jouez....	34 à 30	24 à 42
	47 à 38	Dame 8 à 49
	38 à 33	Dame 49 à 27
	31 à 24	Dame 2 à 31
	36 à 18. — Le reste se voit.	

N° 63.

Pions blancs.		Pions noirs.
Jouez....	18 à 13	9 à 18
	34 à 30	35 à 24
	33 à 28	24 à 22
	37 à 31	36 à 38
	48 à 42	18 à 29
	42 à 4. — Le reste se voit.	

N° 64.

Pions blancs.		Pions noirs.
Jouez....	27 à 21	16 à 38
	26 à 21	17 à 26
	36 à 31	26 à 37
	Dame 46 à 12. — Le reste se voit.	

N° 65.

Pions blancs.		Pions noirs.
Jouez....	37 à 32	28 à 37
	48 à 42	37 à 48 à Dame
	38 à 32	Dame 48 à 8
	32 à 5 à Dame. — Le reste se voit.	

N° 66.

Pions blancs.	Pions noirs.
Jouez.... 44 à 39	17 à 26
28 à 23	19 à 28
30 à 19	14 à 23
39 à 33	28 à 39
36 à 31	26 à 37
38 à 32	37 à 28
40 à 34. — Le reste se voit.	

N° 67.

Pions blancs.	Pions noirs.
Jouez.... 34 à 30	35 à 24
25 à 20	14 à 25
23 à 19	24 à 13
18 à 12	7 à 18
47 à 42	36 à 29
27 à 36	18 à 27
39 à 33	29 à 38
43 à 5 à Dame. — Le reste se voit.	

N° 68.

Pions blancs.	Pions noirs.
Jouez.... 21 à 16	29 à 49 à Dame
26 à 21	35 à 24
32 à 28	23 à 34
17 à 12	6 à 37
12 à 3 à Dame.	Dame 49 à 21
Dame 3 à 40. — Le reste se voit.	

N° 69.

Pions blancs.	Pions noirs.
Jouez Dame 2 à 7	Dame 23 à 1
Dame 50 à 45. — Le reste se voit.	

N° 70.

PREMIÈRE MANIÈRE.

Pions blancs.	Pions noirs.
Jouez.... 39 à 34	Dame 49 à 44
Dame 16 à 49	Dame 44 à 28
Dame 49 à 44	Dame 28 à 50

DEUXIÈME MANIÈRE.

Pions blancs.	Pions noirs.
Jouez.... 39 à 34	Dame 49 à 44
Dame 16 à 49	Dame 44 à 35
Dame 1 à 29	Dame 35 à 19

34 à 30. — Le reste se voit.

N° 71.

Pions blancs.	Pions noirs.
Jouez.... 35 à 30	Dame 13 à 49
28 à 23	37 à 19
39 à 34	Dame 49 à 46

34 à 5 à Dame. — Le reste se voit.

N° 72.

Pions blancs.	Pions noirs.
Jouez.... 20 à 14	9 à 29
19 à 13	Dame 31 à 9
17 à 12	6 à 8
42 à 38	26 à 17
37 à 31	36 à 27
38 à 33	29 à 38

43 à 5 à Dame. — Le reste se voit.

N° 73.

Pions blancs.	Pions noirs.
Jouez.... 38 à 32	22 à 31
35 à 30	24 à 35
33 à 29	23 à 34
43 à 39	34 à 43
32 à 27	31 à 22
42 à 38	43 à 32
37 à 10	15 à 4

35 à 3 à Dame. — Le reste se voit.

N° 74.

	Pions blancs.	Pions noirs.
ouez....	27 à 21	17 à 26
	32 à 31	26 à 37
	38 à 32	37 à 28
	33 à 44. — Le reste se voit.	

N° 75.

	Pions blancs.	Pions noirs.
uez....	23 à 18	13 à 31
	32 à 27	31 à 22
	26 à 21	17 à 26
	44 à 39	34 à 32
	37 à 8. — Le reste se voit.	

N° 76.

	Pions blancs.	Pions noirs.
uez....	29 à 24	30 à 28
	21 à 17	12 à 21
	26 à 17	Dame 8 à 48
	20 à 14	6 à 17
	39 à 33	Dame 48 à 9
	33 à 4 à Dame. — Le reste se voit.	

N° 77.

	Pions blancs.	Pions noirs.
uez....	47 à 41	16 à 27
	23 à 18	22 à 13
	19 à 14	10 à 19
	29 à 23	20 à 49 à Dame
	23 à 1 à Dame. — Le reste se voit.	

N° 78.

	Pions blancs.	Pions noires.
ez....	28 à 22	21 à 32
	22 à 17	11 à 22
	16 à 11	7 à 16
	43 à 38	Dame 1 à 42

Le reste se voit.

N° 79.

Pions blancs.	Pions noirs.
Jouez Dame 27 à 9	Dame 14 à 3
Dame 43 à 25. — Le reste se voit.	

N° 80.

Pions blancs.	Pions noirs.
Jouez.... 34 à 29	23 à 43
Dame 44 à 39	Dame 10 à 26

Le reste se voit.

N° 81.

Pions blancs.	Pions noirs.
Jouez.... 27 à 21	24 à 22
34 à 30	17 à 26
40 à 34	35 à 24
34 à 29	24 à 33
39 à 10. — Le reste se voit.	

N° 82.

Pions blancs.	Pions noirs.
Jouez.... 40 à 35	Dame 38 à 49
27 à 21	16 à 38
34 à 29	Dame 15 à 33
Dame 6 à 44	Dame 49 à 40
35 à 44. — Le reste se voit.	

N° 83.

Pions blancs.	Pions noirs.
Jouez.... 27 à 22	28 à 26
32 à 28	23 à 32
37 à 28	26 à 39
28 à 23	19 à 28
30 à 8	3 à 12
40 à 34	39 à 30 ou 29 à 40

Le reste se voit.

N° 84.

	Pions blancs.	Pions noirs.
ouez....	28 à 22	Dame 4 à 28

32 à 5 à Dame. — Le reste se voit.

N° 85.

	Pions blancs.	Pions noirs.
ouez....	38 à 33	23 à 29
	34 à 23	24 à 30
	23 à 18	30 à 35
	48 à 43	35 à 40
	43 à 39	40 à 45
	18 à 12	45 à 50 à Dame
	12 à 7	Dame 50 à 45

7 à 1 à Dame. — Le reste se voit.

N° 86.

	Pions blancs.	Pions noirs.
ouez....	24 à 20	15 à 24
	27 à 22	18 à 27
	32 à 21	23 à 41
	36 à 47	16 à 36
	47 à 41	36 à 47 à Dame

38 à 33. — Le reste se voit.

N° 87.

	Pions blancs.	Pions noirs.
Jouez....	33 à 29	7 à 18
	17 à 11	16 à 7
	27 à 21	26 à 17
	29 à 24	20 à 29
	30 à 24	29 à 20
	32 à 28	23 à 43
	34 à 30	43 à 25

40 à 34. — Le reste se voit.

N° 88.

	Pions blancs.	Pions noirs.
Jouez....	44 à 40	35 à 44
	28 à 23	39 à 19
	15 à 10	Dame 47 à 31

Dame 36 à 49. — Le reste se voit.

N° 89.

	Pions blancs.	Pions noirs.
Jouez....	25 à 20	15 à 35
	45 à 40	35 à 44
	43 à 39	44 à 33

Dame 42 à 5. — Le reste se voit.

N° 90.

	Pions blancs.	Pions noirs.
Jouez	Dame 6 à 33	19 à 23
	Dame 33 à 11	13 à 19
	Dame 11 à 33	18 à 22
	Dame 33 à 17	19 à 24
	Dame 17 à 8	24 à 29
	Dame 8 à 12	23 à 28
	Dame 12 à 34	28 à 32

Dame 34 à 29. — Le reste se voit.

N° 91.

	Pions blancs.	Pions noirs.
Jouez....	17 à 11	28 à 37
	30 à 24	Dame 16 à 19
	47 à 41	6 à 28

41 à 1 à Dame. — Le reste se voit.

N° 92.

	Pions blancs.	Pions noirs.
Jouez....	39 à 33	38 à 20
	47 à 41	37 à 46 à Dame
	30 à 24	Dame 46 à 30

35 à 2 à Dame. — Le reste se voit.

N° 93.

Pions blancs.	Pions noirs.
Jouez.... 32 à 28	13 à 24
37 à 32	Dame 9 à 36
28 à 22	Dame 36 à 28
40 à 34	30 à 39
44 à 13	Dame 4 à 43
Dame 49 à 38	Dame 15 à 42

47 à 38. — Le reste se voit.

N° 94.

Pions blancs.	Pions noirs.
Jouez.... 34 à 30	25 à 23
33 à 29	23 à 34

Dame 48 à 5. — Le reste se voit.

N° 95.

Pions blancs.	Pions noirs.
Jouez Dame 3 à 9	Dame 4 à 13
Dame 22 à 9	Dame 24 à 19
Dame 9 à 25	Dame 19 à 37
Dame 25 à 48	Dame 37 à 26
46 à 41	Dame 26 à 3

27 à 21. — Le reste se voit.

N° 96.

Pions blancs.	Pions noirs.
Jouez.... 39 à 34	28 à 30
38 à 32	27 à 38
14 à 10	Dame 4 à 33
44 à 40	35 à 44
50 à 6	30 à 34
6 à 1 à Dame.	34 à 39
Dame 1 à 6	39 à 43
37 à 32	38 à 27
49 à 38	27 à 31 ou 5 à 10

Dame 6 à 28. — Le reste se voit.

N° 97.

	Pions blancs.	Pions noirs.
Jouez....	34 à 30	24 à 35
	28 à 23	Dame 15 à 47
	48 à 42	Dame 47 à 18
	26 à 21	16 à 27
	31 à 11. — Le reste se voit.	

N° 98.

	Pions blancs	Pions noirs.
Jouez....	35 à 30	Dame 34 à 48
	24 à 19	25 à 34
	36 à 31	Dame 48 à 26
	19 à 14	10 à 19
	Dame 2 à 48. — Le reste se voit.	

N° 99.

	Pions blancs.	Pions noirs.
Jouez....	17 à 11	6 à 17
	Dame 40 à 12	17 à 8
	Dame 2 à 26. — Le reste se voit.	

N° 100.

	Pions blancs.	Pions noirs.
Jouez....	24 à 20	15 à 33
	44 à 39	18 à 40
	39 à 10	40 à 44
	45 à 40	44 à 35
	10 à 5 à Dame. — Le reste se voit.	

N° 101.

	Pions blancs.	Pions noirs.
Jouez....	24 à 20	12 à 32
	20 à 14	36 à 18
	34 à 29	23 à 25
	14 à 3 à Dame. — Le reste se voit.	

N° 102.

Pions blancs.		Pions noirs.
Jouez....	21 à 17	12 à 21
	23 à 19	24 à 13
	49 à 44	40 à 49 à Dame
	38 à 32	Dame 49 à 27
	22 à 31. — Le reste se voit.	

N° 103.

PREMIÈRE MANIÈRE.

Pions blancs.		Pions noirs.
Jouez....	14 à 9	3 à 14
Dame	22 à 4	Dame 48 à 22
Dame	4 à 27. — Le reste se voit.	

DEUXIÈME MANIÈRE.

Pions blancs.		Pions noirs.
Jouez....	14 à 9	Dame 48 à 26
Dame	22 à 6	3 à 14
	27 à 21	Dame 16 à 17
Dame	6 à 5. — Le reste se voit.	

N° 104.

Pions blancs.		Pions noirs.
Jouez Dame	31 à 9	Dame 25 à 3
	26 à 21	Dame 3 à 26
	41 à 37	Dame 26 à 42
Dame	48 à 2. — Le reste se voit.	

N° 105.

PREMIÈRE MANIÈRE.

Pions blancs.		Pions noirs.
Jouez....	9 à 4 à Dame	31 à 37
Dame	4 à 31	37 à 26
	10 à 4 à Dame. — Le reste se voit.	

N° 105.

DEUXIÈME MANIÈRE.

	Pions blancs.	Pions noirs.
Jouez....	9 à 4 à Dame	21 à 27
	10 à 5 à Dame	27 à 32
Dame	4 à 36	32 à 38
Dame	36 à 47	38 à 43
Dame	47 à 33. — Le reste se voit.	

TROISIÈME MANIÈRE.

	Pions blancs.	Pions noirs.
Jouez....	9 à 4 à Dame	31 à 36
Dame	4 à 31	36 à 27
	14 à 9	27 à 32
	10 à 5 à Dame	32 à 38
Dame	5 à 32	38 à 27
	9 à 3 à Dame. — Le reste se voit.	

N° 106.

	Pions blancs.	Pions noirs.
Jouez....	43 à 38	16 à 27
	39 à 33	28 à 30
	37 à 31	27 à 36
	47 à 41	36 à 47 à Dame
	40 à 34. — Le reste se voit.	

N° 107.

	Pions blancs.	Pions noirs.
Jouez....	26 à 21	17 à 26
	35 à 30	Dame 11 à 50
	23 à 19	14 à 34
	30 à 39. — Le reste se voit.	

N° 108.

Pions blancs.	Pions noirs.
Jouez.... 44 à 39	26 à 37
29 à 23	18 à 20
39 à 33	28 à 48 à Dame
38 à 32	37 à 28
30 à 25	Dame 48 à 30
25 à 14	10 à 19
35 à 33. — Le reste se voit.	

N° 109.

Pions blancs.	Pions noirs.
Jouez Dame 49 à 44	Dame 3 à 14
Dame 36 à 9	Dame 14 à 3

Le reste se voit.

N° 110.

PREMIÈRE MANIÈRE.

Pions blancs.	Pions noirs.
Jouez Dame 13 à 27	Dame 49 à 21
Dame 34 à 12. — Le reste se voit.	

DEUXIÈME MANIÈRE.

Pions blancs.	Pions noirs.
Jouez Dame 13 à 27	Dame 49 à 35
Dame 27 à 49	Dame 45 à volonté
Dame 1 à 40. — Le reste se voit.	

N° 111.

Pions blancs.	Pions noirs.
Jouez.... 22 à 18	12 à 23
31 à 27	32 à 21
33 à 28	23 à 32
48 à 42	Dame 7 à 45
39 à 34	Dame 45 à 15
42 à 38. — Le reste se voit.	

N° 112.

	Pions blancs.	Pions noirs.
Jouez....	29 à 23	28 à 19
	44 à 40	45 à 34
	20 à 14	19 à 10
	Dame 31 à 9	4 à 13
	15 à 4 à Dame	13 à 19
	12 à 8	2 à 13
	Dame 4 à 30. — Le reste se voit.	

N° 113.

	Pions blancs.	Pions noirs.
Jouez....	17 à 11	8 à 19
	18 à 13	19 à 8
	50 à 44	40 à 49 à Dame
	43 à 39	Dame 49 à 7
	39 à 10	5 à 14
	42 à 38. — Le reste se voit.	

N° 114.

	Pions blancs.	Pions noirs.
Jouez....	Dame 25 à 34. — Le reste se voit.	

N° 115.

	Pions blancs.	Pions noires.
Jouez	Dame 47 à 42	Dame 26 à 3
	Dame 42 à 38	Dame 3 à 26
	Dame 38 à 43	Dame 26 à 42
	Dame 48 à 26. — Le reste se voit.	

Si la Dame noire N° 25 jouait au N° 3, les blancs joueraient 48 à 25 et gagneraient au second coup.

N° 116.

	Pions blancs.	Pions noirs.
Jouez....	26 à 21	17 à 26
	27 à 21	26 à 17
	37 à 31	36 à 38
	19 à 13	8 à 19
	29 à 24	19 à 28
	42 à 4 à Dame. — Le reste se voit.	

N° 117.

	Pions blancs.	Pions noirs.
ouez....	34 à 30	24 à 35
Dame	44 à 50	35 à 44
Dame	50 à 19	Si Dame 47 à 36
	46 à 41	Dame 36 à 47
Dame	19 à 24	Dame 47 à 20

15 à 24. — Le reste se voit.

N° 118.

	Pions blancs.	Pions noirs.
Jouez....	23 à 18	Dame 26 à 48
	18 à 13	9 à 18
	19 à 13	18 à 9
	28 à 22	27 à 18
	20 à 14	9 à 29

39 à 34. — Le reste se voit.

N° 119.

	Pions blancs.	Pions noirs.
Jouez....	28 à 22	17 à 39
	27 à 22	18 à 27
	16 à 11	6 à 17
	40 à 34	39 à 19
	37 à 32	15 à 24

32 à 5 à Dame. — Le reste se voit.

N° 120.

	Pions blancs.	Pions noires.
Jouez....	27 à 21	26 à 17
	39 à 33	Dame 24 à 38
	41 à 37	42 à 31
	36 à 27	Dame 38 à 21

16 à 27. — Le reste se voit.

N° 121.

	Pions blancs.	Pions noirs.
Jouez....	43 à 39	15 à 24
	22 à 18	12 à 23
	28 à 22	17 à 28
	34 à 29	24 à 31
	41 à 36	28 à 37
	36 à 7	2 à 11
	48 à 42	37 à 48 à Dame
	39 à 34. — Le reste se voit.	

N° 122.

	Pions blancs.	Pions noirs.
Jouez....	32 à 28	23 à 43
	35 à 30	24 à 44
	Dame 2 à 16	26 à 37
	Dame 16 à 48. — Le reste se voit.	

N° 123.

	Pions blancs.	Pions noirs.
Jouez....	32 à 27	Dame 14 à 46
	22 à 17	12 à 32
	42 à 37	32 à 41
	16 à 11. — Le reste se voit.	

N° 124.

	Pions blancs.	Pions noirs.
Jouez....	43 à 39	44 à 33
	17 à 12	8 à 17
	16 à 11	17 à 6
	26 à 21	Dame 3 à 26
	41 à 36	32 à 41
	48 à 43	Dame 26 à 39
	34 à 3 à Dame	25 à 34
	Dame 3 à 46. — Le reste se voit.	

N° 125.

Pions blancs.		Pions noirs.
Jouez....	13 à 8	26 à 31
	8 à 2 à Dame	31 à 37
	12 à 7	37 à 41
	7 à 1 à Dame	Si 41 à 46
Dame	1 à 23	Si 41 à 47
Dame	1 à 29. — Le reste se voit.	

N° 126.

Pions blancs.		Pions noirs.
Jouez....	34 à 29	16 à 27
	28 à 22	27 à 18
	29 à 23	18 à 29
	24 à 14	10 à 19
	48 à 42	37 à 48 à Dame
	39 à 34. — Le reste se voit.	

N° 127.

Pions blancs.		Pions noirs.
Jouez....	43 à 39	34 à 32
	49 à 44	Dame 50 à 28
	41 à 37	32 à 41
	31 à 27	22 à 31
	40 à 34. — Le reste se voit.	

N° 128.

Pions blancs.		Pions noirs.
Jouez....	37 à 32	27 à 36
	32 à 28	22 à 35
	46 à 41	36 à 47 à Dame
	29 à 24. — Le reste se voit.	

N° 129.

Pions blancs.	Pions noirs.
Jouez.... 18 à 12	30 à 32
45 à 40	Dame 44 à 35
25 à 20	24 à 15
42 à 37	Dame 35 à 42
48 à 6. — Le reste se voit.	

N° 130.

PREMIÈRE MANIÈRE.

Pions blancs.	Pions noirs.
Jouez Dame 47 à 36	Dame 31 à 48
Dame 36 à 13	Dame 48 à 25
Dame 13 à 2	Dame 25 à 48
Dame 2 à 30. — Le reste se voit.	

DEUXIÈME MANIÈRE.

Pions blancs.	Pions noirs.
Jouez Dame 47 à 36	Dame 31 à 26
Dame 36 à 13	Dame 26 à 48
Dame 13 à 30. — Le reste se voit.	

N° 131.

Pions blancs.	Pions noirs.
Jouez.... 24 à 19	26 à 37
19 à 10	5 à 14
18 à 12	17 à 8
29 à 24	20 à 18
38 à 32	37 à 28
33 à 2 à Dame. — Le reste se voit.	

N° 132.

Pions blancs.	Pions noirs.
Jouez.... 26 à 21	17 à 48 à Dame
34 à 30	Dame 48 à 23
30 à 10	15 à 4
25 à 3 à Dame. — Le reste se voit.	

N° 133.

Pions blancs.	Pions noirs.
Jouez.... 17 à 11	16 à 7
29 à 24	30 à 19
49 à 44	40 à 49 à Dame
20 à 14	Dame 49 à 18

14 à 1 à Dame. — Le reste se voit.

N° 134.

Pions blancs.	Pions noirs.
Jouez.... 26 à 21	17 à 26
30 à 24	6 à 17
39 à 34	Dame 50 à 28
36 à 31	26 à 48 à Dame

38 à 32. — Le reste se voit.

N° 135.

Pions blancs.	Pions noirs.
Jouez.... 19 à 13	9 à 18
28 à 23	18 à 29
42 à 37	41 à 32

Dame 39 à 25. — Le reste se voit.

N° 136.

Pions blancs.	Pions noirs.
Jouez.... 34 à 30	24 à 35
28 à 23	18 à 29
39 à 34	29 à 40
46 à 41	36 à 47 à Dame
26 à 21	Dame 47 à 50
21 à 17	11 à 22
32 à 28	22 à 33
43 à 39	33 à 44

48 à 42. — Le reste se voit.

N° 137

	Pions blancs.	Pions noirs.
Jouez....	22 à 17	12 à 21
	27 à 22	18 à 27
	33 à 29	24 à 33
	38 à 20	27 à 47 à Dame
	44 à 40	15 à 24
	39 à 33. — Le reste se voit.	

N° 138.

	Pions blancs.	Pions noirs.
Jouez....	29 à 24	30 à 19
	28 à 23	Dame 44 à 46
	23 à 5 à Dame. — Le reste se voit.	

N° 139.

	Pions blancs.	Pions noirs.
Jouez....	42 à 37	18 à 29
	Dame 43 à 34	Dame 4 à 42
	Dame 34 à 7	Dame 2 à 38
	Dame 49 à 21	26 à 17
	48 à 37. — Le reste se voit.	

N° 140.

	Pions blancs.	Pions noirs.
Jouez....	17 à 12	8 à 17
	16 à 11	Dame 2 à 15
	11 à 2 à Dame et a gagné.	

Amand-Hippolyte LEBOUCHER,

Chef de cuisine.

Dieppe. — Emile Delevoye, imprimeur.

www.ingramcontent.com/pod-product-compliance
Ingram Content Group UK Ltd.
Pitfield, Milton Keynes, MK11 3LW, UK
UKHW020410180726
13839UKWH00003B/1287